ORANDO CON
MADRE ANGÉLICA

Otros Libros

Respuestas, no promesas:

Soluciones sencillas a los problemas complicados de la vida

Por: Madre Angélica y Christine Allison

ORANDO CON
MADRE ANGÉLICA

Meditaciones sobre el Rosario,
El Vía Crucis y otras oraciones

EWTN PUBLISHING, INC.
Irondale, Alabama

Diseño de portada y páginas internas: Perceptions Design Studio.

Arte de la portada: detalle del retrato oficial tomado por John Howard Sanden.

Arte interior: cortesía de CCWATERSHED.ORG.

Las referencias bíblicas en español en este libro están tomadas de la Biblia de Jerusalén Latinoamericana: Desclée De Brouwer, 2017.

EWTN Publishing, Inc.
5817 Old Leeds Road, Irondale, AL 35210
Distribuido por Sophia Institute Press, Box 5284, Manchester, NH 03108.

Library of Congress Cataloging-in-Publication Data

Names: M. Angelica (Mary Angelica), Mother, 1923-2016, author.
Title: Orando con Madre Angelica : Meditaciones sobre el Rosario,
El Vía Crucis y otras oraciones / Madre Angelica.
Other titles: Praying with Mother Angelica. Spanish
Description: Irondale, Alabama : EWTN Publishing, Inc., [2019] | Summary: "Mother Angelica's meditations and prayers for the Rosary and the Stations of the Cross, along with her conversations with God on various virtues"— Provided by publisher.
Identifiers: LCCN 2019054428 | ISBN 9781682781487 (hardcover) | ISBN 9781682781494 (ebook)
Subjects: LCSH: Rosary. | Stations of the Cross.
Classification: LCC BX2163 .M2318 2019 | DDC 242/.74—dc23

Primera edición

CONTENIDOS

NOTA DEL EDITOR

Las oraciones y meditaciones, aquí reproducidas, aparecieron originalmente en tres minilibros escritos por Madre Angélica en la década de 1970: los títulos de los libros, en inglés, son: *Our Living Rosary*, *The Way of the Cross*, y *Ad Lib with the Lord*. Hacia la mitad de la década, el Monasterio de Nuestra Señora de los Ángeles en Irondale, Alabama, adquirió su propio equipo de impresión, llegando a reproducir hasta veinticinco mil copias diarias de estos y otros folletos. Este fue, verdaderamente, el inicio de las operaciones con medios de comunicación masiva, lo que posteriormente conduciría a la creación de

EWTN, Eternal Word Television Network, Red Católica Mundial.

Hemos hecho un añadido al trabajo original de Madre Angélica con ocasión de este libro de oración. El papa san Juan Pablo II había promulgado recientemente los Misterios de Luz, en su Carta Apostólica *Rosarium Virginis Mariae* (2002), cuando la salud de la Madre decayó de tal manera que ya no le fue posible escribir reflexiones adicionales. Las meditaciones sobre estos misterios, ofrecidas en este libro, están basadas en el estilo de Madre Angélica e inspiradas en las enseñanzas que compartió por televisión sobre estos cinco momentos fundamentales del ministerio de Jesús.

MEDITACIONES

sobre

EL ROSARIO

Cómo rezar el Rosario

La señal de la cruz
El Credo de los Apóstoles
Padre Nuestro
Tres Avemarías

Para cada misterio:
Anuncio del misterio
Padre Nuestro
Diez Avemarías
Gloria
Oración de Fátima

Salve Regina
Oración después del Rosario
La señal de la cruz

Las oraciones del Rosario

El Credo de los Apóstoles

Creo en Dios, Padre Todopoderoso, Creador del cielo y de la tierra. Creo en Jesucristo, su único Hijo, Nuestro Señor, que fue concebido por obra y gracia del Espíritu Santo, nació de Santa María Virgen, padeció bajo el poder de Poncio Pilato, fue crucificado, muerto y sepultado, descendió a los infiernos, al tercer día resucitó de entre los muertos, subió a los cielos y está sentado a la derecha de Dios, Padre todopoderoso. Desde allí ha de venir a juzgar a vivos y muertos. Creo en el Espíritu Santo, la santa Iglesia católica, la comunión de los santos, el perdón de los pecados, la resurrección de la carne y la vida eterna. Amén.

Padre Nuestro

Padre nuestro que estás en el cielo, santificado sea tu Nombre; venga a nosotros tu Reino; hágase tu voluntad en la tierra como en el cielo. Danos hoy nuestro pan de cada día; perdona nuestras ofensas, como también nosotros perdonamos a los que nos ofenden; no nos dejes caer en la tentación, y líbranos del mal. Amén.

Avemaría

Dios te salve, María, llena eres de gracia; el Señor es contigo. Bendita Tú eres entre todas las mujeres, y bendito es el fruto de tu vientre, Jesús. Santa María, Madre de Dios, ruega por nosotros, pecadores, ahora y en la hora de nuestra muerte. Amén.

Gloria

Gloria al Padre, y al Hijo, y al Espíritu Santo. Como era en el principio, ahora y siempre, por los siglos de los siglos. Amén.

Oración de Fátima

¡Oh! Jesús mío, perdona nuestros pecados, líbranos del fuego del infierno, lleva al cielo a todas las almas, especialmente a las más necesitadas de tu misericordia.

Salve Regina

Dios te salve, Reina y Madre de misericordia, vida, dulzura y esperanza nuestra; Dios te salve. A ti llamamos los desterrados hijos de Eva; a ti suspiramos, gimiendo y llorando en este valle de lágrimas. Ea, pues, Señora, abogada nuestra, vuelve a nosotros esos tus ojos misericordiosos; y después de este destierro, muéstranos a Jesús, fruto bendito de tu vientre. ¡Oh, clementísima, oh piadosa, oh dulce Virgen María! Ruega por nosotros santa Madre de Dios, para que seamos dignos de alcanzar las promesas de nuestro Señor Jesucristo.

Oración después del Rosario

Oh Dios, cuyo Hijo unigénito, por su vida, muerte y resurrección ha adquirido para nosotros las recompensas de la vida eterna; concédenos que, meditando sobre estos misterios en el Santísimo Rosario de la Bendita Virgen María, imitemos lo que ellos contienen, y obtengamos lo que ellos prometen, por el mismo Cristo, Nuestro Señor. Amén.

Sagrado Corazón de Jesús, ten piedad de nosotros.
Inmaculado Corazón de María, ruega por nosotros.

MISTERIOS DE GOZO

Se rezan los lunes y los sábados

Ave
gratia plena
dn̄

Primer misterio gozoso

LA ANUNCIACIÓN

"Alégrate, llena de gracia, el Señor está contigo".

— LUCAS 1, 28

Pidamos para que haya respeto al don sagrado de la vida: un Padre nuestro, diez Avemarías y un Gloria.

Meditación

Cuando la oscuridad del pecado se cernía sobre la humanidad, tu amor y humildad, dulce Madre, hizo girar el rostro del Padre hacia sus hijos perdidos. Aunque el mensaje del ángel te fue difícil de entender, tú aceptaste la voluntad de Dios con confianza y amor.

No cuestionaste ni el poder ni la sabiduría de Dios, solo preguntaste cómo se realizaría este misterio. Vivimos en un mundo que no acepta la sabiduría del Padre, que no confía en su providencia, que no cree en su poder. Somos incapaces de ver más allá del mañana, y con ello le quitamos al momento presente el conocimiento de tu presencia.

Tu confianza en la voluntad del Padre hizo que lo milagroso se muestre sencillo. ¿Por qué no podemos confiar nuestras vidas a su plan como tú confiaste a Él la tuya? Aunque tu Hijo nacido para ser el Salvador sufrió dolores inenarrables, jamás dudaste, ni por un momento, de tu Fiat, Hágase[1].

A las mujeres de hoy les aterroriza el futuro de sus hijos no nacidos. En un acto de celo mal entendido, a veces despojan al Padre de la oportunidad de manifestar su poder, concedido gracias a su bondad, y así poblar su Reino con hijos de la luz.

Danos una parte de tu fe y esperanza para que podamos inclinarnos ante la infinita sabiduría de Dios y recibir los tesoros que se dignó otorgarnos. Dejemos la creación a su omnipotencia, el futuro a su providencia y la humanidad a su sabiduría.

[1] "Fiat" fue la respuesta de María. Un "Sí" rotundo: "Hágase" N.T.

Segundo misterio gozoso

La Visitación

"Cuando Isabel oyó el saludo de María, saltó de gozo el niño en su seno, e Isabel quedó llena de Espíritu Santo".

— LUCAS 1, 41

Oremos por los ancianos y para que se respete a todas las personas: un Padre nuestro, diez Avemarías y un Gloria.

Meditación

¿Qué impulso amoroso hizo que te apresures a visitar a tu prima Isabel, dulce Madre? En un momento en que tenías todo el derecho a descansar en el júbilo por la noticia de que serías la Madre del Mesías, dejaste el lugar de tu exaltación.

Tu corazón compasivo se volvió hacia Isabel. En su vejez, ella necesitaba el consuelo de tu juventud. El Niño en tu vientre, concebido por el Espíritu Santo, comenzó su obra de redención santificando a Juan.

Tu pasión por llevar a Jesús a los demás, sin importar el costo, nos avergüenza y nos hace sonrojar por la culpa. Descuidamos a los ancianos porque estamos muy ocupados. Permitimos que la brecha generacional se amplíe porque no tenemos el amor suficiente para acortar la distancia. Permitimos la injusticia social porque no deseamos ser el guardián de nuestro hermano.

Santa María, acércanos a Jesús por los méritos de tu visita a Isabel. Obtén para nosotros las gracias que necesitamos para alabar al Señor, mostrando humildad en el trato al prójimo, preocupación por los ancianos, celo por la justicia social y valor cuando el deber exige sacrificio.

GLORIA IN EXCELSIS DEO.

Tercer misterio gozoso

El Nacimiento

"Y dio a luz a su hijo primogénito, lo envolvió en pañales y le acostó en un pesebre".

— LUCAS 2, 7

Pidamos por las madres y por los pobres:
un Padre nuestro, diez Avemarías y un Gloria.

Meditación

¡Vemos con asombro la sabiduría de Dios cuando la mujer anunciada da a luz al Mesías prometido en una fría cueva! Privado de todas las cosas materiales, el Esplendor del Cielo entró al mundo—obra de sus manos—en medio de la pobreza más extrema.

Jesús y María quieren que sepamos que su amor por nosotros es puro y sin egoísmo. La Madre de Dios les dice a todas las madres: “deja que la dignidad de tu maternidad se eleve por encima de las cosas creadas y la riqueza de tu amor cubra su pobreza”. ¿Podemos imaginar el éxtasis de María cuando sus ojos se encontraron con la mirada de Dios en su niño pequeño? ¿Pueden nuestros corazones sentir, alguna vez, la agonía de María cuando vio sus brazos extendidos en forma de cruz? ¿Podemos, en nuestros momentos de mayor lucidez, comprender tal amor y tal dolor?

Dulce Madre, queremos tomar nuestro lugar junto a los pastores para manifestarle a Jesús nuestro amor y gratitud. Queremos llegar a los hombres de todas las naciones tal como tu pequeño hijo se mostró a los Reyes Magos de oriente. Queremos dejar de lado nuestros prejuicios e intolerancia y ofrecer nuestro amor como regalo para todos los hombres.

Obtén para nosotros la gracia de ver a Jesús en lo sencillo y hacerlo presente entre los olvidados. Enséñanos a ser santos, para que podamos dar gloria al Padre y a Jesús el gozo por la conversión de los pecadores en santos.

Cuarto misterio gozoso

La presentación

"Según la ley de Moisés, llevaron Jesús a Jerusalén para presentarle al Señor".

— LUCAS 2, 22

Oremos por las personas con discapacidades mentales: un Padre nuestro, diez Avemarías y un Gloria.

Meditación

Madre amable, ¿salió de tus labios otro Magnificat cuando subiste los escalones del Templo para presentar a Jesús al Padre? ¡Cuál debe haber sido tu alegría cuando le diste a Jesús a Simeón! ¿Esperabas que aquel hombre de Dios profetizara las grandes cosas que este Niño lograría? ¿Pensaste que exclamaría en medio del Templo "El Señor ha llegado"?

Si esperaste que se dijeran grandes cosas, ¿se desgarró tu corazón al saber que este Niño iba a ser signo de contradicción, puesto para elevación y caída de muchos?

No te derrumbaste a causa de esta experiencia agridulce. El plan de Dios puede no haber sido de tu agrado, pero lo aceptaste con todo el amor de tu puro corazón.

Obtén para todos los padres de familia con hijos con discapacidades mentales—quienes han sido elegidos, como Jesús, para alcanzar la gloria de Dios obrando silenciosamente—el mismo coraje que manifestaste en el Templo.

El Hijo de tus entrañas estaba destinado a ser grande, pero muy pocos reconocieron esa grandeza. Concede a los padres de estos niños especiales una comprensión profunda del poder de su sufrimiento. Que su padecimiento suba al cielo como incienso de dulce fragancia para salvación de las almas. Que la belleza de sus almas, oculta a los ojos de los hombres, brille como las estrellas en la gloria del Reino del Padre.

Quinto misterio gozoso

El hallazgo del Niño Jesús en el Templo

"Al cabo de tres días le encontraron en el Templo sentado en medio de los maestros".

— LUCAS 2, 46

Oremos para que el Señor derrame sus bendiciones sobre las familias y sobre todos los jóvenes: Un Padre nuestro, diez Avemarías y un Gloria.

Meditación

Madre amable, no podemos imaginar la agonía de tu inmaculado corazón cuando buscaste a tu Hijo por tres días. El padecimiento inenarrable al preguntarte qué habías hecho mal debe haber atravesado tu alma hasta el corazón.

Incluso la alegría de encontrarlo debe haberse mezclado con las preguntas de por qué sucedió. Hoy, querida Madre, muchas familias están desgarradas por el dolor de aquellos que se desvían del camino correcto. Tu Hijo fue encontrado en el Templo del Señor, pero nuestros seres queridos a menudo se pierden en los caminos del pecado y la maldad.

Aunque el lugar en el que los encontramos es diferente, la agonía es la misma

Obtén para nuestras familias una unión más profunda con la Trinidad. Haz que el padre sea cabeza, la madre corazón y los hijos miembros el uno para el otro. Cuando la espada de la división de la mente, el corazón y los ideales desgarre a la familia, concede que el bálsamo curativo del amor los reúna en el templo de la voluntad de Dios, oyéndolo hablar de la armonía en la profundidad de sus almas.

Misterios de Luz

Se rezan los jueves

Primer misterio luminoso

El bautismo de Jesús

"Entonces se presenta Jesús: que viene de Galilea al Jordán, a donde Juan, para ser bautizado por él".

— MATEO 3, 13

Oremos por los cristianos perseguidos: un Padre Nuestro, diez Avemarías y un Gloria.

Meditación

Querido Jesús, fuiste bautizado con agua, una de las sustancias más comunes. Tu gracia, tu amor, tu Espíritu, todos ellos, están presentes de manera superabundante, disponibles para quienes los requieren. Te pido que abras mi corazón a tu infinito y misericordioso amor.

Y sin embargo, querido Jesús, fuiste bautizado por el menos común de los hombres. Juan el Bautista fue criado en el desierto y se alimentó de frutos y miel silvestre. Él fue un profeta de la verdad sobre Ti, tu Padre, las Escrituras o sobre sí mismo. La verdad nutrió toda su vida.

Los profetas de tu verdad, Señor Bautizado, siempre han sido despreciados. Las opiniones de los hombres no te importan, ni nos deberían importar a nosotros. Fortalece mi propósito de seguir a Juan el Bautista, de no preocuparme por respetos humanos y de ser una luz que no ilumine por sí misma, sino por Ti y solo por Ti.

No hay otro. Solo Jesús es el Salvador. Solo Jesús es el Mesías. Solo Jesús es el Señor. Solo Jesús prepara un lugar para nosotros en la eternidad.

Ayúdame, en mis pequeños caminos, en mis propias comunidades, a preparar tu camino como lo hizo Juan el Bautista hace dos mil años.

Segundo misterio luminoso

Las bodas de Caná

"Tal comienzo de los signos hizo Jesús:
en Caná de Galilea y manifestó su gloria,
y creyeron en él sus discípulos".

— JUAN 2, 11

Oremos para que podamos encontrar el gozo de una vida santa, incluso en medio del sufrimiento: un Padre nuestro, diez Avemarías y un Gloria.

Meditación

En Cana, querido Jesús, tu ministerio público comenzó con un milagro en la sencillez de una celebración. Aquel momento fue tanto un eco de la Encarnación como un anuncio de la Eucaristía y de la Pasión.

Cuando te volviste hacia tu Madre, después de que ella te dijera que el vino se había acabado, le preguntaste: "¿Qué tengo yo contigo, mujer? Todavía no ha llegado mi hora", le estabas diciendo que Ella era quien debía dar inicio a tu obra en el mundo. Su "sí" al ángel Gabriel te trajo a la Tierra. Aquellas palabras: "Hagan lo que Él les diga", pronunciadas a los sirvientes, hicieron posible tu primer milagro. Jesús, ayúdame a confiar en Ti como tu Madre confiaba en Ti, sin dudas ni límites.

La confianza le dio a Ella la capacidad de creer sin ver y entregarse totalmente a Dios. Sin embargo, incluso en medio de la celebración, la confianza no llegó sin dolor. Iniciar tu ministerio, querido Jesús, implicaba comenzar tu camino hacia el Calvario.

Así como convertiste el agua en vino y convertiste el vino en sangre, convertiste mi humanidad dañada en receptáculo para la santidad. Que pueda encontrar gozo en una vida santa como aquellos que hacían fiesta en Caná encontraron gozo en el vino que les diste. Ojalá yo también pueda encontrar ese gozo al perseverar en medio de los sufrimientos que vienen por haber confiado en Ti.

Tercer misterio luminoso

La proclamación del Reino

"Después de que Juan fue entregado, marchó Jesús a Galilea y proclamaba la Buena Nueva de Dios diciendo: 'El tiempo se ha cumplido, y el reino de Dios está cerca; conviértanse y crean en la Buena Nueva'".

— MARCOS 1, 14-15

Oremos para que tengamos el valor de dar testimonio de la verdad de Dios: un Padre nuestro, diez Avemarías y un Gloria.

Meditación

Querido Jesús: predicaste la Buena Nueva del arrepentimiento y el Reino de Dios a pesar de que sabías que provocaría burlas y, en última instancia, tu Pasión

Ahora como entonces, la gente no quiere escuchar la verdad, y por eso decir la verdad les da miedo. Sin embargo, debo estar dispuesta a correr cualquier riesgo por amor al Reino y a la Iglesia; ya que es esencial para mi vocación cristiana anunciar la Buena Nueva. Ayúdame a conquistar mi propio miedo, querido Jesús, para que pueda ser testigo de tu verdad, y para que a través de mí puedas manifestar tu presencia, tu providencia, tu amor y tu misericordia.

Solo Tú, Señor, puedes darme la gracia de amar cuando soy odiada, perdonar cuando estoy herida, ser fiel cuando temo a la oscuridad y tener esperanza cuando todo parece perdido.

Haz crecer en mí una confianza en Ti tal que se asemeje a la de un niño, esa confianza que es esencial para entrar en Tu Reino. Quiero cumplir tu voluntad obedientemente y sin dudar. Quiero amarte con un amor incondicional y de todo corazón, como el amor de un niño por sus padres.

Te pertenezco, Dios mío. Dame un celo santo por ganar almas para tu Reino.

Cuarto misterio luminoso

La Transfiguración

"Y se transfiguró delante de ellos: su rostro se puso brillante como el sol y su vestidos se volvieron blancos como la luz".

— MATEO 17, 2

Pidamos para que tengamos la bendición de amar a Dios y buscarlo incluso cuando hay oscuridad: un Padre Nuestro, diez Avemarías y un Gloria.

Meditación

Todos queremos que los momentos hermosos y alegres duren para siempre. Lo mismo desearon los apóstoles cuando Jesús se transfiguró en el Monte Tabor en medio de una luz resplandeciente. Pero sé que debo bajar del monte al valle, donde ya no puedo ver tu gloria tan claramente y donde a veces me siento completamente ciega. Señor transfigurado, ayúdame a amarte, a alabarte y a confiar en Ti, no solo en los momentos hermosos como en la cima del monte, sino también en los tiempos oscuros del valle. Tu voluntad siempre es perfecta, tanto cuando me cubre de luz como cuando parece que la oscuridad nunca se disipará.

Cuando el Padre habló a los apóstoles, diciendo: "Este es mi Hijo amado en quien me complazco; escúchenlo", estos se encogieron de miedo. Pero "ellos alzaron sus ojos y no vieron a nadie más que a Jesús solo." (Mateo 17, 5b. 8).

Señor Jesús, si estoy lleno de alegría o de tristeza, si mi alma se siente ligera o pesada, si puedo sentir el calor de tu amor o el frío de la desesperación, ayúdame a escuchar y mirarte solo a Ti.

Quinto misterio luminoso

La institución de la Eucaristía

«Tomó luego pan, dio gracias, lo partió y se lo dio, diciendo: 'Este es mi cuerpo que se entrega por ustedes; hagan esto en recuerdo mío'».

— LUCAS 22, 19

Oremos para que crezca nuestra reverencia por la Eucaristía: un Padre nuestro, diez Avemarías y un Gloria.

Meditación

Vivo gracias a la Eucaristía. No hay oración tan alta; no hay éxtasis tan sublime; no hay tarea más grande; no hay dolor tan intenso; no existe nada comparable con el momento en que la Trinidad—Dios Todopoderoso, revelado en Jesús, tu Hijo, con la fuerza de su Espíritu—y yo somos uno. Es el mejor regalo que nos podías dar. Y aun así, en los momentos previos a que instituyeras este don, el más precioso de todos, tus apóstoles discutieron sobre quién era el más grande. Señor Dios, ayúdame a abandonar esas preocupaciones—que a veces me parecen tan importantes—cada vez que me acerco a Ti en la Eucaristía, como al Calvario.

Te humillaste haciéndote hombre, permitiéndote sufrir, y ahora ocultas tu gloria incomparable bajo la forma de un pequeño pedazo de pan. Todo para que pueda tenerte dentro de mí.

Señor Dios, si realmente apreciara la majestuosa humildad de la Eucaristía, si aprovechara plenamente la oportunidad de participar en tu naturaleza íntima, cambiaría mi vida para siempre. Fortalece mi amor y mi gratitud por este inmenso don. Dame la fe para entender que la Eucaristía hace que todo sea posible.

Misterios de Dolor

Se rezan los martes y los viernes

Primer misterio doloroso

La agonía en el huerto

"Entonces va Jesús con ellos a una propiedad llamada Getsemaní y comenzó a sentir tristeza y angustia".

— MATEO 26, 36–37

Oremos para que tengamos la capacidad de hacer la voluntad de Dios y aceptar nuestras cruces: un Padre Nuestro, diez Avemarías y un Gloria.

Meditación

Jesús mío, le dijiste muchas veces a tus apóstoles que esperabas la hora final de la redención, aun cuando preveías los sufrimientos por venir y te estremecías por el miedo y la angustia en el alma.

Le pediste al Padre que dejara pasar aquel cáliz y recibiste una negativa. A veces el futuro se me presenta amenazante, querido Jesús, y tiemblo de miedo y temor. Le he rogado al Padre muchas veces que me conceda un favor o que me libere de alguna cruz, y con frecuencia su respuesta ha sido no.

¿Por qué debería cuestionar su sabiduría con respecto a mí cuando rechazó a su propio Hijo porque el bien de la humanidad estaba en juego?

Ayúdame a hacer la voluntad del Padre con una generosidad como la tuya y a aceptar un no con un amor semejante al tuyo.

Es la angustia y la incertidumbre lo que destroza mi alma, y a menudo dudo del amor del Padre hacia mí.

Tu ejemplo de resignación, aceptación y amor me hace darme cuenta de que el Padre tiene mi vida en sus manos y que no me pasa nada que no sea para mi bien.

Dame la confianza para pedir lo que creo que necesito, la humildad para esperar la voluntad de Dios y la fe para aceptar un rechazo. Que mi sufrimiento sea redentor, que mi voluntad sea una con la de Dios y mi vida un sacrificio de amor.

Segundo misterio doloroso

La flagelación en el pilar

"Pilato entonces tomó a Jesús y mandó azotarle".

— JUAN 19, 1

Oremos para que podamos sobreponernos a aquellas debilidades que nos despojan de la gracia y nos llevan a la infidelidad: un Padre nuestro, diez Avemarías y un Gloria.

Meditación

El dolor de este sufrimiento a menudo me supera, querido Jesús. Se me olvidó que este incidente no solo fue doloroso sino humillante. Cada golpe del látigo te hacía estremecer de dolor, y la mirada de los espectadores te hacía sentir como "gusano y no hombre" (Sal. 22, 6).

¿Estábamos en tus pensamientos hoy, mientras recorríamos el camino de la inmoralidad, las drogas, el alcohol y la infidelidad? ¿Vieron tus ojos divinos la inmodestia, la perversión y la fornicación de los hombres a través de los siglos?

¿La idea de cuán fácil los hombres se despojan de tu gracia, buscando los placeres más bajos, te dio el valor para recibir un latigazo más, otra herida más y otra burla más? ¿Se derramaron lágrimas de amor no correspondido por tus mejillas cuando viste a tantos reír mientras caían en la perdición?

Seguramente, Jesús mío, la flagelación reparó mucho más que los pecados de la carne. ¿Soportaste esas heridas sangrantes en nombre de aquellos que se quitan la vestidura del amor y se revisten de los harapos de la discordia y la desobediencia?

¿Había un látigo que llevaba el nombre de "crueldad" y otro el de "odio"? Y cuando la flagelación finalmente acabó, ¿vieron tus ojos la sangre gotear y ser pisoteada como signo de escarnio?

Perdónanos, querido Jesús. Cúbrenos con esta preciosa sangre y cura todas nuestras heridas. Deja que la sencillez y la pureza sean nuestra meta y la armonía nuestro lema.

Tercer misterio doloroso

La coronación con espinas

"Y trenzando una corona de espinas, se la pusieron sobre su cabeza, y en su mano derecha una caña".

— MATEO 27, 29

Oremos para que podamos vencer el orgullo, la inquietud y los resentimientos; y para que crezca nuestra fe: un Padre Nuestro, diez Avemarías y un Gloria.

Meditación

Jesús mío, a menudo pienso que lo que me toca cargar de la cruz es más de lo que puedo soportar. Me parece que soy el receptor de un sufrimiento innecesario. Mis pensamientos carecen de razones y mi corazón está frío. Si recordase que fuiste coronado de espinas después de ser flagelado, permanecería en silencio en presencia de la sabiduría divina.

Cada espina que perforaba tu sagrada cabeza iba marcada con mi orgullo, mi terquedad y mi falta de fe. Desde mi deseo por la gloria de este mundo hasta la exclusión de toda realidad espiritual apretaron aún más las ramas que rodeaban tu frente.

La falta de confianza en tu misericordia y la tibieza de mi amor se trenzaron en ese instrumento de tortura, en una corona de dolor inexpresable.

¿Eran las pequeñas espinas que punzaban tu cabeza las preocupaciones que permito que ahoguen tu palabra en mi mente? ¿Fueron los resentimientos que guardo en la memoria los varazos que golpearon tu cabeza? Cuando los salivazos recorrieron tu rostro, ¿fue mi arrogancia la que te hizo sollozar?

Oh Jesús, no me dejes olvidar tu amor por mí y la reparación que ofreciste al Padre por mi bien. Que mi alma aumente al Señor con humildad de corazón, pureza de mente y un espíritu gentil.

Cuarto misterio doloroso

Jesús con la cruz a cuestas

"Y él cargando con su cruz, salió hacia el lugar llamado Calvario".

— JUAN 19, 17

Oremos para que seamos fuertes en medio de la enfermedad y el sufrimiento: un Padre Nuestro, diez Avemarías y un Gloria.

Meditación

Me amaste lo suficiente, querido Jesús, para llevar sobre tus hombros sangrantes el madero de la Cruz. Mi amor por Ti es insuficiente, porque encuentro el dolor físico difícil de soportar, el sufrimiento agobiante y las tragedias crueles.

Me has pedido que acepte todo lo que el Padre disponga para mi vida, y así siga tus pasos; sin embargo, pienso frecuentemente que la Cruz fue hecha solo para ti y no para mí.

Yo pensaba que la redención implicaba liberarse del dolor; pero ahora sé, cuando veo esa pesada viga sobre tu espalda, que tu Cruz redentora le daba valor a mi dolor. Tus pasos sobre la tierra agreste

Jesús con la cruz a cuestas camino del Calvario allanaron el camino para mis pies. Tu Cruz abrió un surco sobre la tierra para que mi cruz pase más fácil. Tu presencia dispersó el aire de desesperanza y me mostró el camino. Tu docilidad apartó toda maldición y nos trajo bendiciones.

Ayúdame, Jesús mío, a cargar mi cruz con alegría, a mantener mis ojos siempre fijos en la voluntad del Padre. Concédeme la gracia de no perder el tiempo pensando en cuál cruz viene de Ti y cuál viene de mi prójimo. Permíteme aceptar todo de ti, consciente de que algunas cruces me corrigen, algunas me liberan, algunas me previenen de una vida de pecado, algunas son redentoras y otras conducen al arrepentimiento.

Que nuestra cruz sea una, querido Jesús, para que juntos podamos glorificar al Padre y salvar almas.

Quinto misterio doloroso

La crucifixión

"Llegados al lugar llamado el el Calvario, le crucificaron".

— LUCAS 23, 33

Oremos para que podamos perdonar y amar desinteresadamente: un Padre Nuestro, diez Avemarías y un Gloria.

Meditación

Diste tu vida por mí porque era pecador. Me amabas, querido Jesús, antes de ver la luz del día o sentir la suave brisa en mis mejillas. Has sufrido y muerto por mí, me has buscado, me has seguido, me has inspirado y atraído. Tu amor es totalmente desinteresado, y aunque gozo al recibir ese amor, a cambio no puedo amar desinteresadamente.

Perdonaste a tus enemigos y apartaste la vista cuando tus amigos te abandonaron. ¿No es extraño, querido Jesús, que todavía encuentre difícil el perdón y la misericordia imposible? ¿Qué falta en mi vida que hace difícil perdonar a mi prójimo? ¿Es el hecho de que no puedo perdonarme a mí mismo una de las razones por la que carezco de misericordia con los demás?

Ayúdame, Jesús, a ver tu mirada amorosa como ella se dirigía al Padre con total abandono, al ladrón con misericordia y a tu Madre con amor.

Concédeme que pueda perdonar a mis enemigos y a abandonarme a la voluntad del Padre. Déjame encomendar mi vida y mi eternidad a su cuidado. Que el celo por la salvación de las almas haga que mi alma tenga sed por entregarse, y que la consideración del paraíso ilumine mi camino.

Dame la gracia de perseverar hasta el final, y cuando el viaje acabe y haya peleado el buen combate, deja que los ángeles canten el último verso de mi canción terrenal: "Todo está cumplido" (Juan 19, 30).

MISTERIOS DE GLORIA

Se rezan los domingos y los miércoles

Primer misterio glorioso

La Resurrección

"No está aquí, ha resucitado. Vean el lugar donde le pusieron".

— LUCAS 24, 6; MARCOS 16, 6

Oremos para que no dejemos de considerar las alegrías futuras y así perseveremos hasta el final: un Padre Nuestro, diez Avemarías y un Gloria.

Meditación

Jesús, la alegría de tu resurrección llena mi alma de júbilo y de la comprensión de que mi cuerpo también resucitará algún día. Al igual que tus cinco llagas, mis sufrimientos también brillarán frente a los ojos de los demás. La sabiduría del Padre será glorificada siempre, a medida que todos los hombres vean cómo tu plan y tu voluntad en mi vida daban señas de la gloria que algún día sería mía, para toda la eternidad.

Todas las pruebas, sufrimientos, angustias y decepciones parecerán nada en comparación con la gloria que me merecieron tus sufrimientos. Todas parecerán un sueño, y la visión de tu rostro llenará mi alma del gozo más excelso.

Mi alma, unida de nuevo a mi cuerpo, será perfecta como la tuya es perfecta. Ninguna tendencia pecaminosa la perturbará jamás, ninguna debilidad estropeará su belleza, ninguna separación la afligirá, ninguna enfermedad o llanto quebrantarán mi paz, ningún lamento nublará mi mente.

Mi memoria, como la tuya, querido Jesús, estará llena de cosas buenas; mi intelecto comprenderá los más elevados misterios; mi voluntad, siempre unida a ti, nunca más volverá a experimentar la pena por haberse rebelado.

Amaré y seré amada por todos, y nada será imposible para mí. El Padre estará siempre a mi lado, y junto a ti, querido Jesús, andaré libremente en el amor del Espíritu por siempre jamás.

Segundo misterio glorioso

La ascensión

"Fue elevado al cielo y se sentó a la diestra de Dios".

— MARCOS 16, 19

Oremos para que podamos elevarnos sobre las cosas de este mundo: un Padre Nuestro, diez Avemarías y un Gloria.

Meditación

Querido Jesús, pienso que el día en que subiste al Padre fue un día triste. Tiene un parecido a cuando mi alma, después de experimentar tu presencia, se sumerge en un estado de aridez. Al igual que los apóstoles, tiendo a quedarme parada mirando arriba con la esperanza de experimentar una vez más el gozo de tu presencia.

Cuando esto suceda, Señor mío, recuérdame la advertencia de los ángeles: "¿Por qué permanecen mirando al cielo?" (Hechos 1,11).

Esta sequedad del alma es algo de lo que tengo que sacar provecho y no algo a lo cual oponerme. Ayúdame a darme cuenta de que cuando siento tu presencia, me estás consolando; y cuando no la siento, pero sigo una vida de amor y virtud, soy yo quien te consuela.

Enséñame a preferir consolarte a ser consolada, y dame la luz para ejercitar mi fe cuando todo parezca oscuro.

Quiero elevarme por encima de las demandas de mis emociones y tener el valor de vivir en espíritu y verdad. Concédeme una fe siempre consciente de las realidades invisibles, una esperanza que descansa en tus promesas y el amor que no se busca a sí mismo.

Tercer misterio glorioso

La venida del Espíritu Santo

"De repente vino del cielo un ruido. . . y se les aparecieron unas lenguas. . . y se llenaron todos de Espíritu Santo".

— HECHOS 2, 2–4

Oremos para que podamos crecer en el amor y que la Santísima Trinidad habite plenamente en nosotros: un Padre Nuestro, diez Avemarías y un Gloria.

Meditación

María y los discípulos estaban encerrados en el aposento alto, orando con espíritu expectante, y el Espíritu del Señor vino en forma de fuego y se posó sobre las cabezas de cada uno.

En ese momento, los hombres débiles se hicieron fuertes; los hombres temerosos se volvieron valientes; los hombres ignorantes se llenaron de conocimiento; y los hombres sencillos se hicieron poderosos.

Los hombres que carecían del valor para defender a su Señor salieron corriendo a las calles y proclamaron su Nombre. Hombres imperfectos, limitados y frágiles, sanaron enfermos, echaron demonios y resucitaron muertos.

Estos fueron los hombres que viajaron sin dinero y que, sin embargo, hicieron ricos a todos. No tenían lugar para recostar la cabeza pero siempre vivieron en la casa del Padre. Eran ignorantes pero hablaron muchas lenguas.

Hablaron sobre perdonar a los enemigos y llevaron a los hombres al arrepentimiento. Trabajaron y no recibieron paga, pero acumularon tesoros en el Reino.

Espíritu Santo, acrecienta en mí tus dones y la gracia que fortalece tu presencia en mi alma. Dame conciencia en torno a la morada definitiva, de cuánto me ama el Padre y cómo transforma mi alma en imagen perfecta de Jesús.

Cuarto misterio glorioso

La Asunción

"Escucha, hija, mira; presta oído, que prendado está el rey de tu belleza. Aparece espléndida, la princesa, con ropajes recamados en oro".

— SALMO 45, 10–11, 13–14

Oremos para que podamos tener una conciencia profunda de la gloria por venir: un Padre Nuestro, diez Avemarías y un Gloria.

Meditación

María, mi Reina y Madre, me gozo en que tu cuerpo inmaculado—el Arca de la Alianza antes del nacimiento de Cristo y templo del Señor por su resurrección—resucitó de la muerte como anticipo de la resurrección de todo el género humano.

Es un consuelo saber que estás en el cielo como mi Madre, y me amas y me cuidas como corresponde a tu dignidad de madre. Tú conoces los peligros de esta vida, las tentaciones del Enemigo y las debilidades de la carne. Ayúdame a sobrellevar estos peligros hasta que Jesús me llame a su presencia.

Enséñame, dulce Madre, a mantener mi cuerpo puro, mi mente sin mancha y mi corazón desprendido. Que tu Asunción al cielo me dé la seguridad y el valor de ser cristiana en palabra y obra.

Llena mi mente de conocimiento de la vida de tu Hijo, con compasión por sus sufrimientos y con celo por su Reino.

Deja que mi vida se ajuste al modelo de la vida de Jesús, y que mi fe y esperanza sean tan profundas como las tuyas. Quiero sostener mi cruz valiéndome de la misma determinación con la que Tú sostuviste la Suya. Quiero que mi amor y celo soporten cualquier dolor, y ser capaz de cualquier sacrificio. Intercede por mí ante tu Hijo y enséñame a ser como Él. Déjame elevarme sobre las cosas de este mundo para que mis pensamientos puedan estar contigo en el cielo.

Quinto misterio glorioso

La coronación

"Un gran signo apareció en el cielo: una Mujer, vestida del sol, con la luna bajo sus pies, y una corona de doce estrellas sobre su cabeza".

— APOCALIPSIS 12, 1

Oremos para que algún día podamos estar junto con Dios en su Reino: un Padre Nuestro, diez Avemarías y un Gloria.

Meditación

Querida Madre, la justicia de Dios no estaba colmada al reunirse tu cuerpo y tu alma, y así poder imitar a Jesús en su Reino. Tu divino Hijo, Rey y Señor, se dignó coronarte como Reina del cielo y de la tierra.

En la tierra fuiste la casi ignorada y no esperada Madre de Jesús. Tu humildad asombró a los ángeles y confundió la soberbia de los demonios. Es verdaderamente justo que ahora tu grandeza se manifieste a todos los hijos de Dios.

Tu único deseo es guiarnos a Jesús, y tu oración es solo por nuestra salvación. Estoy agradecida por tus cuidados y me lamento por mi negligencia.

Tu coronación me da la seguridad de que algún día yo también seré coronada de gloria. Dios limpiará cada lágrima de mis ojos y me otorgará la luz de la gloria.

Tu corazón fue atravesado por siete dolores durante tu peregrinaje terrenal. Ahora doce estrellas rodean tu cabeza y la Luna está debajo de tus pies. Obtén para mí, querida Madre, la gracia que necesito para entrar en el Reino de tu Hijo algún día y ser coronada con la corona de la santidad.

VÍA CRUCIS

Oración inicial

María, Madre mía, tú fuiste la primera en vivir el Vía Crucis. Sentiste cada dolor y cada humillación. No tuviste miedo al ridículo frente a la multitud. Tus ojos estuvieron siempre sobre Jesús y su dolor. ¿Es ese el secreto de tu fortaleza milagrosa? ¿Cómo soportó tu amoroso corazón semejante carga y semejante peso? Mientras lo observabas tropezar y caer, ¿fuiste torturada por el recuerdo del pasado: su nacimiento, su vida oculta y su ministerio?

Querías tanto que todos lo amaran. Qué dolor fue ver a tantos odiarlo –y hacerlo con furia diabólica. Toma mi mano mientras hago este Vía Crucis.

Inspírame pensamientos que me hagan comprender cuánto Él me ama. Dame luz para aplicar cada estación de este Vía Crucis en mi vida diaria y recordar siempre las necesidades de mi prójimo.

Obténme la gracia de comprender el misterio, la sabiduría y el amor divino a medida que voy de estación en estación. Dame la gracia de que mi corazón, como el tuyo, pueda ser atravesado por la contemplación del sufrimiento y la fragilidad de Jesús, y que pueda decidirme a no volver a ofenderlo jamás. ¡Qué precio tuvo que pagar Él por mis pecados, para abrirme las puertas del cielo y para llenar mi alma con su Espíritu! Dulce Madre, vayamos juntos por este camino y concédeme que el amor de mi pobre corazón pueda brindarte un poco de consuelo.

Primera estación

Jesús es condenado a muerte

Te adoramos, Cristo, y te bendecimos,
porque por tu Santa Cruz
redimiste al mundo.

Un Padre Nuestro, un Avemaría y un Gloria

Meditación

Jesús mío, el mundo todavía te somete a juicio. Sigue preguntándote quién eres y por qué haces las demandas que haces. Se pregunta una y otra vez: "Si eres el Hijo de Dios, ¿por qué permites que el mundo esté en el estado en que se encuentra? ¿Por qué permaneces en silencio?"

Aunque la arrogancia de este mundo me enfurece, debo admitir que en silencio, en lo más profundo de mi alma, yo también hago esas preguntas. Tu humildad me impacienta y me incomoda. Tu fortaleza ante Pilato, sustentada en el poder del Padre, responde mi inquietud: se trata de la voluntad de tu Padre.

El Padre permite muchos sufrimientos en mi vida, pero todos son para mi bien. Si tan solo yo también pudiese permanecer en silencio ante la prudencia de este mundo, firme en la fe cuando todo parece perdido, tranquila cuando se me acusa injustamente, libre de la tiranía del respeto humano, dispuesta a hacer la voluntad del Padre, sin que importe cuán difícil pueda ser.

Jesús silente, danos todas las gracias que necesitamos para mantenernos firmes ante el escarnio del mundo. Dales a los pobres la fortaleza para no sucumbir ante la privación y estar siempre conscientes de su dignidad como hijos de Dios. Concédenos no doblegarnos ante la parálisis de la gloria mundana, sino que estemos dispuestos a perderlo todo antes que perder tu amistad. Jesús mío, aunque todos los días se nos acuse de ser tontos, deja que la consideración serena de nuestra dignidad frente a las más monstruosas injusticias nos dé todo el valor para ser tus discípulos.

Segunda estación

Jesús con la cruz a cuestas

Te adoramos, Cristo, y te bendecimos,
porque por tu Santa Cruz
redimiste al mundo.

Un Padre Nuestro, un Avemaría y un Gloria

Meditación

¿Cómo podría un humano imponer tal carga sobre tu cuerpo desgarrado y sangrante, Señor Jesús? Cada movimiento de la Cruz hacía que las espinas se claven en tu cabeza con mayor profundidad. ¿Cómo evitaste que el odio brotara en tu corazón? ¿Cómo es que toda esta injusticia no perturbó tu paz? La voluntad del Padre fue dura contigo. ¿Por qué me quejo cuando lo es conmigo?

Veo la injusticia y me siento frustrada, y cuando mis planes para aliviarla parecen inútiles, me desespero. Cuando veo a aquellos que están agobiados por la pobreza sufrir más y más, y una cruz añadirse a otra, mi corazón está lejos de estar sereno. No soy capaz de ver la dignidad de la cruz Jesús lleva su Cruz con amor. Yo preferiría mil veces estar sin ella.

De acuerdo a mi concepción mundana, el sufrimiento, como el alimento, se debe repartir equitativamente. Qué poca cosa soy, amado Señor. Así como no todos necesitamos la misma cantidad de alimento material, tampoco necesitamos la misma cantidad de alimento espiritual -y eso es lo que la cruz es en mi vida, ¿no es así?-. El alimento espiritual es proporcional a mis necesidades.

Jesús mío, abrazaste tu Cruz con gran amor. Conocías su poder. Sabías cuál era la voluntad del Padre. La mayoría de las cruces que llevo son mi propia creación, están allí porque me niego a cargar con alegría la sencilla cruz que me has dado. No permitas que me olvide de que la injusticia de este mundo puede conseguir la justicia de Dios para mi alma.

Tercera estación

Jesús cae por primera vez

Te adoramos, Cristo, y te bendecimos,
porque por tu Santa Cruz
redimiste al mundo.

Un Padre Nuestro, un Avemaría y un Gloria

Meditación

Jesús mío, me parecería que, siendo Dios, habrías llevado tu Cruz sin tropezar, pero no lo hiciste. Caíste bajo su peso para mostrarme que me entiendes cuando yo caigo. ¿Es el orgullo lo que me hace querer brillar incluso en el dolor? No te avergonzaba caer, admitir que la Cruz era pesada. Hay aquellos a quienes mi arrogancia no tolera, así como exijo que todos sean fuertes, aunque yo sea débil. Me da vergüenza admitir el fracaso en cualquier cosa.

Si el Padre permite el fracaso en mi vida, así como te permitió caer, entonces debo reconocer que en ese fracaso hay algo bueno que mi mente nunca comprenderá.

No debo concentrarme en las miradas de los otros mientras se posan sobre mí, en mis caídas. Más bien, debo levantar la mano para alcanzar esa mano invisible y beber esa fuerza invisible que está siempre a mi lado.

Frágil Jesús, ayuda a todos los hombres que se esfuerzan por ser buenos, pero cuya naturaleza se opone constantemente a caminar recto y alto por el estrecho camino de la vida. Levanta sus rostros para que vean la gloria que está por venir en lugar de la miseria del momento presente.

El amor que me tienes te dio fuerzas para levantarte de tu caída. Mira a todos aquellos a quienes el mundo considera sirvientes improductivos, y bríndales el valor de preocuparse más por cómo se presentan ante Ti que ante el resto de los hombres.

Cuarta estación

JESÚS ENCUENTRA A SU MADRE

Te adoramos, Cristo, y te bendecimos,
porque por tu Santa Cruz
redimiste al mundo.

Un Padre Nuestro, un Avemaría y un Gloria

Meditación

Jesús mío, fue grande mi sufrimiento al darme cuenta de que tu dolor le causó tanta aflicción a María. Como Redentor, querías que ella compartiera tu dolor por la humanidad. Cuando se miraron el uno al otro en medio de un sufrimiento indecible, ¿qué les dio a ambos el valor de continuar sin el menor alivio—sin enojarse por tamaña injusticia?

Parece como si quisieras sufrir cada posible dolor para darme un ejemplo de cómo sufrir cuando llegue mi momento. Qué humillación para Ti cuando tu Madre te vio en un estado tan lamentable—débil, desamparado, a merced de hombres pecadores. La santidad expuesta al mal en su expresión más horrenda.

¿Parecía una eternidad cada instante de aquel breve encuentro? Así como veo tanto sufrimiento en el mundo, hay momentos en que creo que todo es inútil. Hay cierto elemento de letargo en mis oraciones por la humanidad que dice: "Rezaré, pero, ¿de qué servirá? Los enfermos se enferman más y los hambrientos se mueren más de hambre". Pienso en esa mirada entre Tú y María, la mirada que decía: "Ofrezcamos esta desdicha al Padre por la salvación de las almas. El poder del Padre acogerá nuestro dolor y nuestra impotencia, y Él renovará las almas, las salvará para una nueva vida: una vida de alegría sinfín, de felicidad eterna. Así, todo habrá valido la pena".

Concede, Señor, perseverancia a los enfermos, para que puedan cargar la cruz de la frustración y la agonía, con amor y resignación, para salvación de los demás.

Quinta estación

Simón ayuda a Jesús a cargar la cruz

Te adoramos, Cristo, y te bendecimos,
porque por tu Santa Cruz
redimiste al mundo.

Un Padre Nuestro, un Avemaría y un Gloria

Meditación

Jesús mío, tus verdugos reclutaron a Simón de Cirene para que te ayude a cargar tu Cruz. Tu humildad está más allá de mi comprensión. Tu poder, que sostuvo el universo entero, ahora permite que una de tus criaturas te ayude a cargar una cruz. Me imagino que Simón no quería participar en tu vergüenza. No tenía idea de que todos los que lo miraban y se burlaban de él pasarían al olvido, mientras su nombre pasaría a la historia y la eternidad como aquél que ayudó a su Dios en la necesidad. ¿No es acaso también lo mismo conmigo, querido Jesús? Aun cuando cargo a cuestas mi cruz, como lo hizo Simón, es mi alma la que se beneficia.

Si mantengo puesta la mirada en Ti y veo cómo sufriste, seré capaz de soportar mi cruz con mayor fortaleza. ¿Intentabas decirles a todos los que sufren a causa de los prejuicios que tengan valor? ¿Era Simón un símbolo de todos los que son odiados por su raza, color o credo?

Mientras tomaba esa viga sobre sus hombros, Simón se preguntaba por qué fue elegido para llevar una carga tan pesada, y ahora lo sabe. Ayúdame, Jesús, a confiar en tu providencia amorosa cada vez que permites que el sufrimiento se entremezcle aquí y allá en mi vida. Hazme comprender que la miraste y la sostuviste con ternura antes de que me lo entregases. Me cuidas y me das fuerzas tal como lo hiciste con Simón. Cuando entre yo en tu reino, sabré, como él sabe, qué maravillas ha obrado tu Cruz en mi alma.

Sexta estación

Verónica enjuga el rostro de Jesús

Te adoramos, Cristo, y te bendecimos,
porque por tu Santa Cruz
redimiste al mundo.

Un Padre Nuestro, un Avemaría y un Gloria

Meditación

Jesús mío, ¿dónde estaban los cientos de personas cuyos cuerpos y almas curaste? ¿Dónde estaban cuando necesitabas de alguien que te diera una pequeña señal de consuelo? La ingratitud debe haber asediado tu corazón y hecho que la Cruz fuese casi imposible de cargar. Hay veces que también siento que todos mis esfuerzos por tu Reino son inútiles y terminan en nada. ¿Recorrieron tus ojos la multitud en busca de alguien que te dé un poco de consuelo, un gesto de compasión, un gesto de dolor?

Mi corazón se estremece con doloroso júbilo cuando pienso en aquella mujer, liberada del miedo y el respeto humano, ofreciendo su frágil velo para limpiar tu rostro ensangrentado ¡Tu corazón amoroso, siempre atento a la menor expresión de amor, imprimió sobre la tela la imagen de tu rostro hecho pedazos! ¿Cómo puedes olvidarte completamente de Ti mismo y recompensar un acto de bondad tan sencillo?

Debo admitir que he estado entre aquellos que tenían miedo de conocerte, en vez de ser como Verónica. A ella no le importaba si el mundo entero sabía que te amaba. Desconsolado Jesús, dame esa calidad de alma tan necesaria para dar testimonio y difundir tu Palabra, para decirle a todos cuánto los amas. Envía a muchos a tu viña, para que gente de todas las naciones pueda recibir la Buena Nueva. Imprime tu imagen divina sobre mi alma, y deja que el frágil velo de mi naturaleza humana tenga una semejanza perfecta con tu Espíritu amoroso.

Séptima Estación

Jesús cae por segunda vez

Te adoramos, Cristo, y te bendecimos,
porque por tu Santa Cruz
redimiste al mundo.

Un Padre Nuestro, un Avemaría y un Gloria

Meditación

Jesús mío, una de las hermosas cualidades que la gente admiraba en Ti era tu fuerza en el momento del escarnio, tu capacidad para superar la situación. Pero ahora caes por segunda vez, aparentemente vencido por el dolor de la Cruz. Las personas que te juzgan por las apariencias cometieron un terrible error. ¡Lo que parecía debilidad era una fuerza sin igual!

A menudo juzgo por la apariencia, ¡y cuán equivocada estoy la mayor parte del tiempo! El mundo juzga siempre con este método fraudulento de discernimiento. Desprecia a quienes claramente han dado lo mejor de sí y ahora están en necesidad.

El mundo juzga a los pobres como fracasados, a los enfermos como inútiles y a los ancianos como una carga. ¡Qué equivocado es este tipo de juicio a la luz de tu segunda caída! Tu momento de mayor grandeza fue tu momento de mayor debilidad. Tu mayor triunfo fue en el fracaso. Tu mayor acto de amor fue en la desolación. Tu mayor demostración de poder fue esa falta total de fuerza que te arrojó al suelo.

Jesús fuerte y débil, dame la gracia de ver más allá de lo visible y ser más consciente de tu sabiduría en medio de la fragilidad. Dale a los ancianos, los enfermos, los minusválidos, los discapacitados mentales, los sordos y los ciegos el fruto de la alegría, para que puedan estar conscientes del don del Padre y de la gran diferencia entre lo que el mundo ve y lo que el Padre ve, de tal manera que puedan gloriarse en su debilidad y pueda manifestarse así el poder de Dios.

Octava estación

Jesús habla a las santas mujeres

Te adoramos, Cristo, y te bendecimos,
porque por tu Santa Cruz
redimiste al mundo.

Un Padre Nuestro, un Avemaría y un Gloria

Meditación

Jesús mío, estoy asombrada de tu compasión por los demás, aunque seas Tú quien pasa por el momento de mayor necesidad. Cuando sufro, tiendo a pensar solo en mí misma, mientras Tú te olvidas por completo de ti mismo. Cuando viste a las santas mujeres llorando por tus tormentos, las consolaste y les enseñaste a mirar con mayor profundidad tu Pasión. Querías que entendieran que el verdadero mal por el cual llorar era el rechazo que sufriste del pueblo elegido—un pueblo apartado de todas las demás naciones—pero que se negó a aceptar al Hijo de Dios.

Aún con todo, la obra de la redención continuaría, y nadie sería capaz de quitarte tu dignidad como Hijo de Dios; aunque la maldad, la avaricia, la envidia y la ambición, en los corazones de aquellos que deberían haberte reconocido, eran las cosas por las cuales verdaderamente lamentarse. Estar tan cerca de Dios hecho hombre y fallarle por completo fue el verdadero crimen.

Jesús mío, me temo que hago lo mismo cuando cuelo a los mosquitos y luego me trago a los camellos (Ver: Mt 23, 24), o cuando quiero sacar la astilla del ojo de mi hermano y olvido la viga en el mío (Ver: Mt 7, 3). La fe es un gran don. ¡Es una gracia tan sublime poseer tu Espíritu! ¿Por qué no he avanzado lo suficiente en santidad de vida? Se me escapan los muchos rostros que te pones y veo solo personas, circunstancias y eventos humanos, no la mano amorosa del Padre que guía todas las cosas. Ayuda a todos aquellos que están desanimados, enfermos, solitarios y envejecidos a reconocer tu presencia en medio de ellos.

Novena estación

Jesús cae por tercera vez

Te adoramos, Cristo, y te bendecimos,
porque por tu Santa Cruz
redimiste al mundo.

Un Padre Nuestro, un Avemaría y un Gloria

Meditación

Jesús mío, incluso con la ayuda de Simón, caíste por tercera vez. ¿Me estabas diciendo que puede haber momentos en mi vida en que voy a caer una y otra vez, a pesar de la ayuda de amigos y seres queridos? Hay momentos en que las cruces que permites en mi vida son más de lo que puedo soportar. Es como si todos los sufrimientos de una vida se comprimieran repentinamente en el momento presente, y eso es más de lo que puedo soportar.

Aunque me duele el corazón verte tan débil y desamparado, es un consuelo para mi alma saber que entiendes mis sufrimientos desde tu propia experiencia. Tu amor por mí hizo que padecieras todo tipo de dolor, solo para que pueda tener alguien a quien mirar como ejemplo y tener valor.

Cuando clamo desde lo más profundo de mi alma: "Este sufrimiento es más de lo que puedo soportar", ¿Tú susurras, "sí, entiendo"? Cuando estoy desanimada después de muchas caídas, ¿no dices, en lo más profundo de mi ser, "sigue adelante, sé lo difícil que es levantarse"?

Hay muchas personas que son puestas a prueba en el cuerpo y en el alma por su debilidad ante el alcohol y las drogas, quienes intentan salir adelante pero que caen una y otra vez. Por el dolor y la humillación de esta tercera caída, dales el valor y la perseverancia para tomar su cruz y seguirte.

Décima estación

Jesús es despojado de sus vestiduras

Te adoramos, Cristo, y te bendecimos,
porque por tu Santa Cruz
redimiste al mundo.

Un Padre Nuestro, un Avemaría y un Gloria

Meditación

Parece que cada paso hacia el Calvario te trajo una nueva humillación, Jesús mío. ¡Cómo se replegó tu sensible naturaleza al ser despojado de tus vestiduras ante la multitud! Deseabas abandonar esta vida apenas entraste en ella; estabas completamente al margen de las comodidades de este mundo. Quieres que sepa, sin lugar a dudas, que me amaste con un amor desinteresado. Tu amor por mí no te causó más que dolor y sufrimiento. Diste todo y no recibiste nada a cambio. ¿Por qué me resulta tan difícil ser desprendido?

En tus dulces pensamientos, querido Jesús, ¿alzaste la mirada hacia el Padre mientras estabas allí en esa colina tempestuosa, tiritando de frío y vergüenza, temblando de miedo, y le pediste que tenga piedad de aquellos que perdían su pureza y hacían del amor una burla? ¿Pediste perdón por aquellos cuya avaricia los haría mentir, engañar y robar por unas cuantas frías monedas de plata?

Perdónanos a todos, amado Jesús. Mira al mundo con compasión porque la humanidad ha perdido el rumbo; los principios de este mundo han hecho de la lujuria un juego divertido y del lujo una necesidad. El desprendimiento se ha convertido meramente en otra de esas dificultades causadas por los pobres, y la obediencia en vicio de los débiles. Ten piedad de nosotros y concédele a la gente de nuestro tiempo el valor de verse y conocerse a sí mismos, y dales la luz para cambiar.

Undécima estación

Jesús es clavado en la cruz

Te adoramos, Cristo, y te bendecimos,
porque por tu Santa Cruz
redimiste al mundo.

Un Padre Nuestro, un Avemaría y un Gloria

Meditación

Es difícil imaginar a un Dios clavado en una cruz por sus propias criaturas. ¡Pero es aún más difícil para mi mente comprender un amor que permitió que tal cosa sucediera! Mientras esos hombres clavaban pesados clavos en tus manos y pies, querido Jesús, ¿ofrecías tu dolor como reparación por alguna debilidad o pecado humano en particular? ¿Fue el clavo en tu mano derecha ofrecido por aquellos que pasan sus vidas entre la disipación y el tedio?

¿Fue el clavo a tu izquierda reparación por todas las almas consagradas que viven tibiamente? ¿Extendiste los brazos para mostrarnos cuánto nos amas? Así como esos pies, que caminaron por ardientes y polvorientos caminos, fueron clavados con rapidez, ¿se encogieron con un dolor mortal en reparación por aquellos que corren ágilmente por el ancho camino del pecado y la autoindulgencia?

Parece, querido Jesús, que tu amor te tiene atado de pies y manos, mientras tu corazón clama porque el amor regrese. Parece que gritas desde la cima de una colina: "Te amo. Ven a mí. Mira, estoy fuertemente atado. No puedo lastimarte. Solo tú puedes lastimarme". Qué duro es el corazón que puede ver tanto amor, y aun así darle la espalda y alejarse. ¿No es cierto que yo también me he alejado cuando no acepté la voluntad del Padre con amor? Enséñame a mantener mis brazos abiertos al amor, a perdonar y a servir, dispuesto a ser herido en lugar de herir, contenta por amar y no por ser amada a cambio.

Duodécima Estación

Jesús muere en la cruz

Te adoramos, Cristo, y te bendecimos,
porque por tu Santa Cruz
redimiste al mundo.

Un Padre Nuestro, un Avemaría y un Gloria

Meditación

¡Dios está muerto! No es de extrañar que la tierra temblase, que el sol se escondiera, que los muertos se levantaran y que María quedase horrorizada. Tu cuerpo humano entregó su alma a la muerte, pero tu divinidad, querido Jesús, continuó manifestando su poder. Toda la creación se rebeló cuando la Palabra hecha carne se apartó de este mundo. El hombre por sí solo era demasiado orgulloso para ver la verdad y demasiado obstinado para reconocerla.

¡La obra de la redención ha sido cumplida! El hombre jamás tendrá una excusa para olvidar cuánto lo amaste. El ladrón a tu derecha vio algo que no pudo explicar: vio a un hombre en un árbol[2] y supo que era Dios. Su miseria le hizo ver su culpa y tu inocencia. Tu promesa de vida eterna hizo que las horas restantes de su suplicio fueran soportables.

Un ladrón común respondió a tu amor con profunda fe, esperanza y caridad. Vio más de lo que sus ojos imaginaban; sintió una presencia que no podía explicar y con la que no discutiría. Estaba en necesidad y aceptó la forma en que Dios se dignó a ayudarlo.

Perdona nuestra soberbia, querido Jesús, porque pasamos horas especulando, días enteros discutiendo y, a menudo, la vida entera desestimando tu muerte, que es un misterio sublime. Ten piedad de aquellos cuya inteligencia los conduce a la soberbia, ya que nunca sienten la necesidad de acercarse al Varón de Dolores en busca de consuelo.

[2] N.T. Se trata de una alusión a Cristo en la Cruz.

Decimotercera estación

Jesús es bajado de la cruz

Te adoramos, Cristo, y te bendecimos,
porque por tu Santa Cruz
redimiste al mundo.

Un Padre Nuestro, un Avemaría y un Gloria

Meditación

Jesús mío, fue con profundo dolor que María finalmente te tomó en sus brazos y vio todas las heridas que el pecado te había infligido. María Magdalena miró con horror tu cadáver. Nicodemo, aquel hombre tan lleno de respetos humanos, que acudió a Ti de noche, de repente recibió el valor para ayudar a José a bajarte de la cruz. Una vez más estás rodeado de solo unos pocos seguidores. Cuando la soledad y el fracaso se crucen en mi camino, déjame pensar en este momento solitario y este fracaso total -fracaso a los ojos de los hombres-. ¡Qué errados estaban; qué equivocada su idea de éxito! El más grande acto de amor se dio en la desolación y la misión más exitosa se cumplió y concluyó cuando todo parecía perdido. ¿No es esto cierto en mi vida, querido Jesús? Juzgo mis fallas con dureza. Exijo perfección en lugar de santidad. Mi idea de éxito es que todo termine bien, según mi parecer.

Dales a todos los hombres la gracia de ver que hacer tu voluntad es más importante que el éxito. Si permites que fracase para que alcance un bien mayor, entonces enséñame cómo usar el fracaso para mi aprovechamiento. Déjame decir, como Tú dijiste alguna vez, que hacer la voluntad del Padre es mi alimento. No permitas que los estándares de este mundo se apoderen de mí o destruyan el bien que has preparado para mí: ser santo y cumplir la voluntad del Padre con amor. Déjame aceptar el elogio o la culpa, el éxito o el fracaso, con la misma serenidad.

Decimocuarta estación

JESÚS ES PUESTO EN EL SEPULCRO

Te adoramos, Cristo, y te bendecimos,
porque por tu Santa Cruz
redimiste al mundo.

Un Padre Nuestro, un Avemaría y un Gloria

Meditación

Jesús mío, fuiste sepultado en la tumba de un extraño. Naciste sin ninguno de los bienes de este mundo, y moriste habiéndote desprendido de todo. Cuando llegaste al mundo, los hombres dormían y los ángeles cantaban, y ahora, cuando lo dejas, la creación está en silencio y solo unos pocos lloran. Ambos eventos estuvieron revestidos por la oscuridad. La mayoría de los hombres vive de esa manera. La mayoría de nosotros vivimos y morimos siendo conocidos por unos pocos y conociendo a unos pocos también. ¿Tratabas de decirnos, querido Jesús, cuán trascendentes pueden ser nuestras vidas solo porque cumplimos la voluntad del Padre?

¿Aprenderemos alguna vez la lección de humildad que nos hace vivir contentos con quienes somos, dónde estamos y qué somos?

¿Será nuestra fe lo suficientemente fuerte como para ver tu fuerza en nuestra debilidad y el bien en medio de nuestros sufrimientos? ¿Será nuestra esperanza lo suficientemente sólida como para descansar en tu Providencia, aun cuando no tengamos dónde recostar la cabeza? ¿Será nuestro amor lo suficientemente fuerte como para no escandalizarnos de la Cruz?

Jesús mío, esconde mi alma en tu corazón mientras estás acostado solo en el sepulcro. Deja que mi corazón sea como una fogata que te de calor. Que mi deseo de conocerte y amarte sea como una antorcha que ilumine en la oscuridad. Que mi alma cante suavemente un himno de amor arrepentido a medida que pasan las horas y tu Resurrección se acerca. ¡Deja que me regocije, querido Jesús, con todos los ángeles, en un himno de alabanza y acción de gracias por semejante amor, por semejante Dios, por tan maravilloso día!

Oración de clausura

Jesús mío, he recorrido tu Vía Crucis. Parece tan real; me siento tan avergonzada. Suelo quejarme de mis padecimientos, y encuentro difícil obedecer la voluntad del Padre, pues ando con la mente atascada por la pobreza, la enfermedad, el hambre, la codicia y el odio en el mundo.

Hay muchas personas inocentes que sufren injustamente. Hay quienes nacen con defectos físicos y mentales. ¿Llegaremos a entender que sigues cargando tu Cruz por cada persona que sufre en el cuerpo o en el alma?

Ayúdame a ver la voluntad de tu Padre en cada cosa que sucede en mi vida diaria. He aquí lo que hiciste:

viste la voluntad del Padre en tus perseguidores, tus enemigos y en tu dolor. Encontraste belleza en la Cruz y la abrazaste como a un tesoro anhelado.

Mi mente mundana se nubla a causa de la injusticia y el sufrimiento, y pierdo de vista la gloria que está por venir. Ayúdame a confiar en el Padre y a darme cuenta de que hay algo muy grande detrás del sufrimiento más insignificante. Hay Alguien que eleva mi cruz para que pueda ajustarse a mis hombros; hay sabiduría divina en cada una de las pequeñas molestias que a diario incomodan mi alma.

Ayúdame a entender las lecciones contenidas en mi cruz, la sabiduría de su necesidad, la belleza de que se presente de diversas formas, y la fortaleza que se requiere incluso para cargar la cruz más pequeña. María, Madre mía, obtenme la gracia de ser otro Jesús para mi prójimo y ver en mi prójimo a Jesús.

Conversación de Madre Angélica

con

Dios

Humildad

Estoy delante de ti, Señor Dios; yo, pecadora. En todos los ámbitos de tu creación, nadie es más indigna de tu amor que yo… por eso me atrevo a acercarme a tu presencia… porque sé que tu poder es más grande en la debilidad. Tu amor es más gratuito para los ingratos y tu misericordia más sublime para los que no la merecen.

Esperanza

Dios mío, eres el ancla en el mar tormentoso, mi serenidad en una noche tempestuosa, mi esperanza cuando todo lo demás falla. Tu presencia me rodea como un escudo protector y cuando las flechas de mi egoísmo atraviesan el escudo, tus brazos amorosos se extienden para alcanzar y atrapar mi alma errante.

Desprendimiento

Me ha llevado tanto tiempo rendirme a tu amor y providencia… para liberar mis tensiones en tu serenidad, mis miedos en tu omnipotencia y mi tibieza en tu amor. Suelo aferrarme a estas debilidades como si fueran tesoros. Mi alma clama por la libertad, pero la misma voluntad que alcanza la liberación de la tiranía es la que mantiene a mi alma prisionera de mí misma.

Anhelo

No pido las riquezas que perecen o la fama que se desvanece como la niebla de la mañana. Solo ruego por tener la libertad de un hijo de Dios, con un solo propósito, un solo amor, un solo deseo: complacerte. Mi corazón te anhela, oh Dios. Mi alma clama por

Ti. La vida sin Ti es como un desierto desprovisto de vida y belleza. ¿Es posible que la arena seca y el calor abrasador hagan arder mi alma y la purifiquen de todas las imperfecciones que me hacen tan diferente a ti? ¿Debo vivir la vida buscándote y encontrándote solo para perderte de nuevo?

Deseo

¿La tortura de perderte y el éxtasis de encontrarte forman y moldean mi alma a tu imagen? ¿Extender mi mano para tocar la tuya, y replegarla al perderla ejercita mi voluntad? ¿Te ocultas cuando casi te vislumbro, de manera que habré de buscarte con más ardor?

Amor

¿Qué secreto debo encontrar que me permita amarte solo a Ti sobre todas las cosas, verte en mi prójimo, en los sufrimientos de mi vida y en las alegrías que se esparcen aquí y allá como anticipo del cielo?

Deseo

Jesús, aunque me rodean las multitudes, mi alma está sola y el silencio me atemoriza. Escuchar ruido afuera y percibir el silencio dentro me da la sensación de que vivo en dos mundos al mismo tiempo. Uno de esos mundos clama por mi atención y el otro por mi amor. Oh Dios, elijo tu mundo: elijo andar por los parajes ilimitados de tu amor, viendo siempre nueva belleza, oyendo siempre la melodía de tu perdón misericordioso.

Humildad

Mi mente, oh Dios, lucha con el misterio de tu eternidad y tu trinidad. Es tan humillante alcanzar ese punto que no puedo pasar: el punto en el que una mente creada se da cuenta de que su capacidad es demasiado pequeña para abarcar el Infinito. Entonces, oh Dios, mi alma se ve a sí misma como realmente es: creada y limitada. Ella se alegra de esperar hasta que tu bondad se digne elevarla, a través de la fe, a las estrellas inalcanzables del misterio.

Desprendimiento

Nunca apartas tus ojos de mí y, sin embargo, mis ojos recorren el mundo buscando un lugar donde detenerse. ¿Por qué no puedo amarte como Tú me amas? ¿Por qué busco lo que es finito cuando puedo poseer el infinito? Mi inconstancia debe asombrar a los ángeles, que ven lo pasajeras que son las cosas a las que me aferro.

Fe

Oh Espíritu del Señor, la fe eleva mi mente y mi alma hasta aquellas dimensiones del misterio que son inalcanzables por mis propios esfuerzos. ¿Qué impulso de amor te hizo elevar mi pobre alma por encima de sí misma? ¿Es mi debilidad un desafío a tu misericordia siendo Tú señor de todas las cosas? ¿Tú, como Trinidad, recorriste la tierra buscando alguna criatura débil a quien pudieras otorgar el tesoro de los tesoros: tu gracia? Tu amor compasivo, Padre amable, tira de mi egoísmo para despojarme de los harapos a los que me aferro, para vestirme con las hermosas prendas de la santidad.

Paciencia

Todos los días, Jesús mío, aprendo, por alguna situación o experiencia, cuán grande es mi necesidad de ti.

Cuando trato de ser paciente por mi propia cuenta, mi paciencia es forzada y breve. Es evidente para todos que estoy tratando inútilmente de ser paciente. Cuando levanto mi mente y mi corazón hacia ti, querido Jesús, y te veo tan serenamente paciente, mi alma quiere beber de ese paciente espíritu, de la misma manera como una brisa fresca bebe de una noche húmeda. Tu paciencia penetra en mi ser, y solo entonces llego a ser realmente paciente. Toma mucho tiempo aprender que solo puedo dar fruto en Ti.

¡Cuánto me amas! El amor se prueba a través del sacrificio, y Tú has probado tu amor por mí. Comprender esto me hace sentir pequeña, porque me veo obligada a admitir que mi amor por Ti es muy pequeño. Huyo del sacrificio y tengo miedo al dolor. A veces, la muerte parece un túnel oscuro a ser recorrido, y el futuro aparece sombrío. Cuando comparo mi actitud con la tuya, me doy cuenta de que por mí misma no tengo nada que ofrecerte. La única demanda que he recibido es tu amor por mí. Cuando pienso en ese amor, siento un impulso repentino que me llena de valor para enfrentar el futuro. Incluso la muerte deviene simplemente en ese hermoso instante en el que Aquél que ama y aquél que es amado se encuentran cara a cara.

Valor

Dios Padre, la vida siempre es más fácil cuando me mantengo cerca de ti. A veces me pregunto por qué es tan difícil mantener mi alma unida a la única fuente de felicidad. Parecería que debería ser atraída hacia Ti como un trozo de hierro a un imán y, sin embargo, mi propia voluntad y flaqueza forman una barrera que mantiene mi alma separada de ti. Lo que quiero ser, no lo soy. Me escapo de la poda que necesito para ser como tú. Mi vida es una contradicción. Mi alma anhela la santidad y luego huye de la mortificación necesaria para alcanzarla. Tendré que depender de ti, querido Jesús, para sacar a mi pobre alma de su debilidad y vestirla con el valor y la fuerza de Tu Espíritu Santo.

Conocimiento de sí mismo

Maestro, nadie se ve a sí mismo ni a sus acciones como otros las ven. Quizás, viendo los motivos que atribuyo a los demás puedo darme una idea de mi propia alma. No me va a gustar lo que voy a ver allí, pero deja que tu Espíritu aclare todo para que con tu ayuda pueda cambiar, y comience a pensar y actuar como Jesús.

Presencia de Dios

Dios Uno y Trino, quiero ser más consciente de tu presencia divina en mi alma. Sé que tu vida conmigo a menudo es solitaria. Revoloteo de una cosa sin importancia a otra, y luego cuando mi corazón se vuelve vacío y solitario, te busco. ¿Por qué corro hacia Ti solo después de que todo lo demás falla? Eres la única luz que guía mi camino, el único amor que es fiel, la única fortaleza en tiempos de debilidad. Ten paciencia conmigo, Señor, y concédeme que algún día mi mente no albergue más pensamientos que no te agraden, y que mi corazón no posea otro amor más fuerte que el amor por ti.

Compañía

Hay veces, Jesús mío, en las que me gusta imaginar tu rostro, e imaginar cómo caminabas por los caminos polvorientos. Me gusta pensar que estás a mi lado, observando todo lo que hago con gran amor y comprensión. Entonces me doy cuenta de que una vez más te he reducido a mi estatura, limitado tu belleza entre los estrechos ámbitos de mi imaginación y te he confinado a un pequeño lugar a mi lado. Señor mío, esta es la única forma en que mi pobre naturaleza humana puede llegar a algún concepto de Ti. Concede, querido Jesús, que cuando mi imaginación te represente, nunca pierda de vista tu verdadera belleza que está más allá de mis sueños más fantásticos. Tu presencia está mucho más cerca que lo que está a mi lado.

Perdón

Dios Padre, al entrar en tu Espíritu compasivo, trato de beber profundamente de tu amor misericordioso. Mi memoria me atormenta con recuerdos de faltas pasadas, y mi alma está dolorida por la ira de los días pasados que traen lágrimas y tristeza. Cada vez que pienso que se han ido, regresan con renovado vigor, y me doy cuenta de que no he crecido en la compasión y el perdón. Ahora, pongo mi memoria en tu misericordia y tu compasión, y te pido que cubras sus heridas con el bálsamo curativo de tu misericordia. Deja que mi alma se hunda en ese océano insondable de tu misericordia, y regrese a mí renovada, sanada y fresca; con amor hacia todos y sin malicia para nadie.

Ira

Señor Jesús, estoy llena de ira hoy, enojada con el mundo porque está lleno de codicia, estoy enojada con la gente porque es egoísta, y enojada conmigo misma porque no soy lo que debería ser. Calma mi alma con tu ternura, y deja que esa actitud pacífica se impregne en mi alma, con el entendimiento compasivo que necesito para ser amable y objetiva.

El tiempo

La vida es muy corta, Señor mío. Miro todos mis ayeres y parecen tan borrosos, mientras que todos mis mañanas son inciertos. El único momento que realmente poseo es este pequeño instante, y pasa tan rápido. ¿Por qué el tiempo pesa tanto en mi vida? Es un regalo muy preciado de tus manos, y debería verlo como si fuera un tesoro. Me brinda la oportunidad de conocerte mejor y amarte más, de llegar a ser como Jesús y llenarme de tu Espíritu, crecer en santidad y hacer reparación por mis pecados. Gracias, Señor mío, por el tiempo. Por favor, concédeme más tiempo para amarte y decirte cuán arrepentida estoy por haberte ofendido.

Sufrimiento

Hoy me siento enferma, querido Jesús. Me palpita la cabeza y mi cuerpo está tan débil que incluso es un esfuerzo hablar contigo. Intento pensar en tu pobre cabeza cuando estaba coronada de espinas, y me maravillo de tu fortaleza. Pienso en lo débil que debes haber estado cuando tomaste la Cruz sobre tus hombros. Me maravillo de tu amor. El amor era el poder impulsor que te hacía fuerte cuando estabas débil. ¡Si pudiese entender que tu amor era para mí! Pues bien, haré lo mismo por ti. Es extraño, querido Jesús, que tan pronto como pienso en tu dolor, el mío parece leve.

Para ti, querido Jesús, la vida era una misión y Tú eras el mensaje del Padre para el mundo: debías salvarlo; debías abrir las puertas del cielo a los pobres seres humanos. ¿Alguna vez te cansaste de tu misión, especialmente cuando tantos no te escuchaban? ¿Alguna vez lamentaste haber venido?

Sé que estas son preguntas tontas. Tu amor era tan intenso que cada momento, incluso el más doloroso, era dulce y ligero. Concede que pueda amarte como Tú y nunca calcular el costo.

Eternidad

Oh Dios, desearía poder mirar el mundo entero desde el punto de vista de tu eternidad. Qué diferente vería todo. Las cosas se verían muy pequeñas, y la gente viviría y moriría en un lapso de tiempo muy corto. Desde ese punto de vista, los siglos pasarían como unos pocos días. La montaña más alta sería como una partícula de polvo y todos los océanos como gotas de agua. Vería naciones y reinos ir y venir. Mucha gente pequeña comenzaría grandes guerras y destruiría a otras personas;

luego, como una nube de humo, desaparecerían y todas sus ambiciones se convertirían en nada. Verdaderamente, mirar desde tal altura cambiaría mis metas y deseos. Aunque debo vivir en un mundo que se ve muy grande y se siente muy estable, concédeme que nunca pierda de vista la certeza de que en realidad es muy pequeño y pasajero. Solo Tú eres inmutable, y solo Tú eres grande. Solo tú, Dios y Señor, eres digno de alabanza, honor y gloria.

Desaliento

Oh Dios, mi mente da vueltas confusamente y mi alma parece desprovista de todo consuelo. Es como si todo el mundo y toda mi vida estuviesen contenidos en un solo instante y yo cargase el peso de todo. No puedo ver ningún futuro excepto un mañana siendo otro hoy. Los ayeres se aglutinan y me rodean, algunos acusándome y otros llenos de arrepentimiento. Es como una prisión con mil voces clamando por atención. Divino carcelero, tienes la llave para liberar mi alma de la prisión del desaliento. Abre las puertas y déjame andar libremente por las regiones de tu amor. Líbrame de la tiranía de mi propia voluntad. Con seguridad no te agrada que mi alma esté desconcertada dentro de mí, porque eso evidencia que ando encerrada en mí misma. ¿Acaso escucho que susurras: "Abre la puerta que la llave está dentro; te espero listo para entrar y consolarte"?

Maravilla y asombro

¡Jesús mío, alabo tu belleza! Todo lo que creaste lleva el sello de la belleza, y la maravilla de todo eso está en su variedad. ¿Qué te hizo decidir el color de una rosa y la altura de una montaña, la forma en que un arroyo rodea suavemente un recodo y luego termina en una cascada rugiente? Cuando el hombre apareció por primera vez en la tierra y dijo: "Te amo, Dios", ¿Tu corazón se emocionó? Y cuando dijo: "No te serviré", ¿lloraste? Sé que tendré que esperar hasta que nos encontremos para hallar las respuestas a estos misterios, pero me estremece que un Dios tan grande pueda ser interrogado con tan desconcertantes preguntas.

Sanar la memoria

Dios Padre, sana mi memoria. Es como un almacén de donde salen cosas viejas y nuevas, buenas y malas.

Es extraño, pero a veces surge de repente un evento que sucedió hace años y el dolor regresa, y con él ira y resentimiento. Jesús nos dijo que fuéramos tan compasivos y misericordiosos como Tú. Encuentro esto muy difícil y no debería ser así. ¿No he sido el receptor de tu misericordia y tu perdón? ¿No es más grande ofender a Dios que para una criatura ofenderme? Tú perdonas y olvidas totalmente, y de tan buena gana. Déjame hundir todos mis recuerdos desagradables en el océano de tu misericordia y que se ahoguen para siempre en esas aguas tranquilas. Que los fantasmas del ayer no aparezcan hoy y destruyan mi mañana. Dame esperanza, Padre, para confiar en tu perdón, y permíteme siempre darle a mi prójimo el beneficio de la duda, de tal manera que pueda perdonarlo desde el corazón. Que nunca abuse de tu misericordia, sino que siempre tenga confianza en tu corazón compasivo. Deja que la esperanza eleve mi memoria por encima del lodo dentro de ella, y viva en el agua cristalina de tu gracia.

Búsqueda de Dios

Dios y Señor, mi alma intenta alcanzarte en medio de un vacío que nada puede llenar. Mi alma, como una mariposa, salta de una cosa a otra intentando encontrar reposo y no encuentra nada. Es solo en Ti que mi alma cansada encuentra realización. Voy por la vida buscándote, y cuando creo haberte encontrado, la más oscura noche desciende y te vas. Es entonces, cuando un nuevo amanecer se abre lentamente, y una vez más te encuentro. A medida que paso el día buscándote, te encuentro en lugares inesperados. Mi vida es realmente un juego, entre eso que se pierde y luego se encuentra. Deja que mi búsqueda sea un canto de amor, aunque venga de un alma desprovista del talento para hablarte de su amor. Deja que mis torpes maneras sean un poema sobre el anhelo que dice que te amo. Que mis debilidades y fracasos sean como el llanto dolido de un pájaro herido, que no puede volar solo a su nido. Deja que mi nada se pierda en tu omnipotencia para que nunca me separe de Ti.

"No llorarás ya más; de cierto tendrá piedad de ti, cuando oiga Tu clamor; en cuanto lo oiga, Te responderá". (Isaías 30, 19)

Madre M. Angélica
(1923-2016)

Madre María Angélica de la Anunciación nació el 20 de abril de 1923 en Canton, Ohio, y recibió el nombre de Rita Antoinette Rizzo.

Después de una infancia difícil, la curación de un recurrente dolor estomacal llevó a la joven Rita a un proceso de discernimiento que terminó con su ingreso a las Clarisas Pobres de la Adoración Perpetua en Cleveland. Trece años después, en 1956, la hermana Angélica le prometió al Señor, mientras esperaba ser sometida a una cirugía de columna vertebral, que si Él le permitía caminar nuevamente, ella le construiría un monasterio en el Sur.

En Irondale, Alabama, la visión de Madre Angélica tomó forma. Su enfoque particular de enseñar la Fe, la condujo a dar charlas parroquiales, elaborar folletos y libros, y posteriormente a tener oportunidades en la radio y la televisión. Para 1980, las monjas habían convertido un garaje del monasterio en un estudio rudimentario de televisión. EWTN había nacido.

Madre Angélica ha sido una presencia constante en la televisión en los Estados Unidos y en todo el mundo desde la fundación de EWTN. Innumerables conversiones a la fe católica se han atribuido a su don único para presentar el Evangelio: alegre pero resuelto, apaciguante pero enérgico.

Madre Angélica pasó los últimos años de su vida en el segundo monasterio que construyó: Nuestra

Señora de los Ángeles en Hanceville, Alabama. Pasó sus días en oración y adoración a Nuestro Señor en el Santísimo Sacramento junto a las monjas que ahí residen.

Partió al encuentro con Dios el 27 de marzo de 2016, Domingo de Resurrección.